So wird's gemacht:

Abenteurer, die sich im und am Wasser aufhalten, können natürlich schwimmen. Sind sie mit dem Boot oder auf einem Floß unterwegs, tragen sie Rettungswesten.

Was tun, wenn das Boot kentert?

- Ruhe bewahren!
- Beim Boot bleiben! Oft unterschätzt man die Entfernung zum Ufer.
- Prüfen, ob alle da sind und sich keiner unter dem Boot befindet.
- Versuchen, das Boot wieder aufzurichten, ohne dass jemand in Gefahr gerät.
- Um Hilfe rufen, pfeifen (an Rettungswesten hängen Trillerpfeifen!) oder Notsignale geben (siehe Karte 40).

44

INS WASSER FALLEN

Was tun, wenn man ins kalte Wasser gefallen ist?

Versuche, so schnell wie möglich an Land zu kommen. Denn kaltes Wasser entzieht dem Körper blitzschnell die Wärme. Trockne dich gut ab, ziehe trockene Kleidung an und wärme dich auf.

Gibt es keine Möglichkeit, das Wasser schnell zu verlassen, bewege dich nicht, sondern lass dich einfach treiben. Denn Bewegung im kalten Wasser beschleunigt die Auskühlung. Spare deine Kräfte, bis dir geholfen wird.

So wird's gemacht:

1. Lege dein Bandana diagonal zu einem Dreieckstuch zusammen. Nun stellst du eine sogenannte Krawatte her: Falte dafür die Spitze des Dreiecks nach unten.

2. Falte nun von unten ein Drittel des Stoffes nach oben über die Spitze und das obere Drittel nach unten darüber.

3. Lege die Krawatte um eine Hand – ohne den Daumen – und verknote sie.

4. Die Knotenenden wickelst du in entgegengesetzter Richtung durch den Ring. Fertig ist der Tragering.

33 TRAGEN MIT TRAGERING

Manchmal müssen Abenteurer einen gehunfähigen Freund ein Stück weit tragen. Sind zwei Helfer zur Stelle, bilden sie mit ihren Händen und einem Tragering einen Sitz, auf dem der Verletzte Platz nehmen kann. Dafür stellen sich die Helfer nebeneinander und fassen mit ihren äußeren Händen von oben in den Tragering. Für besseren Halt legt der Verletzte seine Arme um die Schultern der Träger, und die Träger legen ihre freien Arme als Rückenlehne um seine Taille.

So wird's gemacht:

1. Befestige eine Stange oder ein Seil zwischen zwei Bäumen oder Pfosten (siehe Karte 2 oder 4). Das ist die hohe Seite deines schrägen Daches.

2. Lege die Mitte der Plane über die Stange bzw. das Seil und fasse die Ecken zusammen, sodass die Plane doppelt liegt.

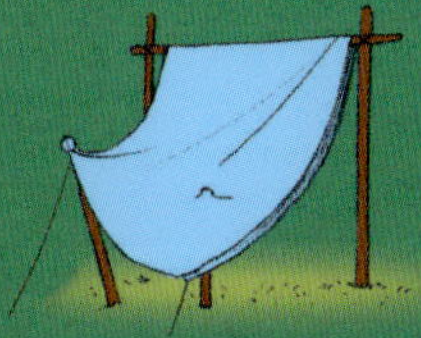

3. Spanne die Ecken zur Seite ab und unterstütze sie mit je einem Stock, sodass du bequem unter der Plane sitzen kannst. Achte darauf, dass die tiefste Stelle der Plane in der Mitte zwischen den beiden abgespannten Ecken liegt.

4. Stelle unter die tiefste Stelle der Plane ein Gefäß, sodass der Regen von der Plane direkt hineinrinnen kann.

25 REGENWASSER AUFFANGEN

Um Regenwasser aufzufangen, brauchst du eine große Plane. Hänge die Plane an vier Ecken auf oder grabe eine Mulde und kleide sie mit der Plane aus. An der tiefsten Stelle sammelt sich das Wasser. Du brauchst es nur auszuschöpfen, abzugießen oder mit einem Tuch aufzusaugen und in ein Gefäß auszuwringen.

Besonders clever ist es, ein Dach zu bauen, dass das Regenwasser auffängt und dich gleichzeitig vor der Nässe schützt.

So wird's gemacht:

1. Suche am Sternenhimmel zuerst den Großen Wagen. Er ist in unseren Breiten in jeder klaren Nacht zu finden – mal aufrecht, mal zur Seite gekippt und mal auf dem Kopf stehend.

2. Verbinde in Gedanken den Abstand der hinteren beiden Sterne des Wagenkastens fünfmal. So triffst du auf den Polarstern, auch Nordstern genannt.

3. Vom Nordstern aus peilst du senkrecht zum Horizont hinunter – schon hast du die Nordrichtung gefunden. Hinter dir liegt dann Süden, rechts Osten und links Westen.

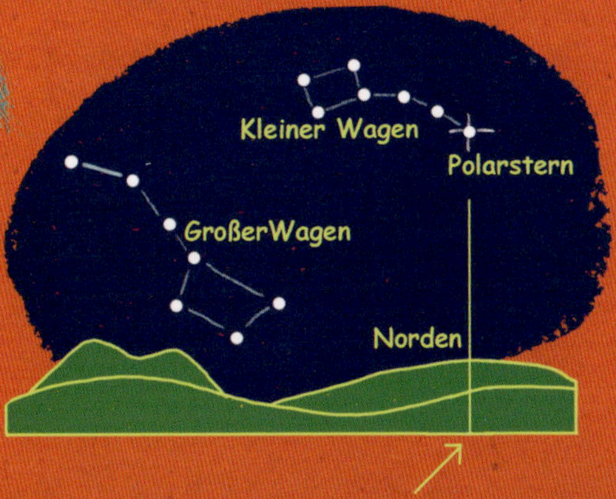

37

DIE STERNE

Früher meinten die Menschen, in den Anordnungen der hellsten Sterne Figuren aus Märchen und Sagen zu erkennen. Eine Figur ist der Große Wagen. Er besteht aus sieben hellen Sternen und sieht aus wie ein Bollerwagen mit Deichsel. Er hilft dir, den Polarstern zu finden, der dir die Himmelsrichtung Norden anzeigt.

Auch die Sterne können dir also bei der Orientierung helfen, wenn du in der Wildnis unterwegs bist.

14 DER WETTERSCHUTZ

Mit diesem Unterschlupf kannst du dich gegen Wind, Nieselregen oder Sonnenschein schützen. Hast du die Handgriffe einmal geübt, kannst du schnell einen geschützten Picknickplatz zwischen zwei Bäumen aufbauen.

Du brauchst:

- 1 Plane (mit Ösen, 3 m x 4 m groß)
- 2 Abspannleinen
- 1 dickere Leine für das Dach
- 6 Heringe (selbst geschnitzt)

So wird's gemacht:

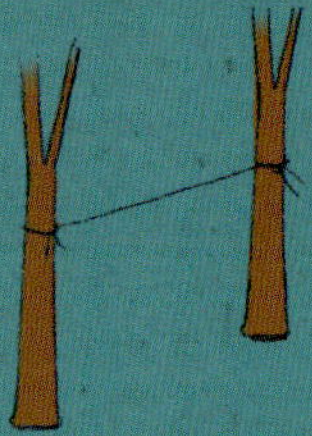

1. Spanne etwa in Kopfhöhe eine Leine zwischen zwei Bäumen. Zur Befestigung siehe Karte 6.

2. Lege deine Plane mit der kürzeren Seite parallel zur Leine auf dem Boden aus. Befestige etwa 1/3 der Plane mit vier Heringen unter der Leine am Boden.

3. Ziehe den Rest der Plane über die Leine. Spanne die Ecken des Planen-Endes mit zwei Leinen und Heringen ab. So hast du eine Unterlage zum Sitzen, einen Schutz im Rücken und ein kleines Dach.

So wird's gemacht:

Oftmals zeigen Vögel an, dass es in der Nähe frisches Wasser gibt. Und wo Libellen fliegen, ist ein offenes Gewässer nicht weit. Auch wenn du dem Quaken von Fröschen folgst, wirst du Wasser finden.

Bäume wie Weiden und Pappeln wachsen bevorzugt am Wasser. Wenn du sie schon aus der Ferne erkennst, weisen sie dir den Weg. Aber auch Staudenknöterich, Schilf und Rohrkolben sind Wasseranzeiger.

Wasser kann auch im Boden verborgen sein. Grabe an geeigneter Stelle, z. B. in der Außenkurve eines ausgetrockneten Flussbettes oder unter einem Felsvorsprung.

23 WASSER FINDEN

In der Wüste ist jedes Grün ein Zeichen dafür, dass Wasser vorhanden ist.

Zur Not kannst du wochenlang hungern, ohne Wasser verdurstest du aber schon innerhalb weniger Tage. Deshalb ist es wichtig, in Notsituationen bald Wasser zu finden.

Nicht immer entdeckst du eine Quelle, einen Bach oder See. Manchmal heißt es auch graben oder andere Tricks anwenden.

Tipp: Wasser sammelt sich immer an der tiefsten Stelle. Suche darum nach Senken und Gräben, Mulden und Spalten und vor allem unten im Tal.

So wird's gemacht:

1. Grabe eine Grube, stelle ein Gefäß hinein, lege grüne Pflanzen dazu und spanne eine durchsichtige Folie lückenlos darüber. Beschwere die Ränder mit Steinen oder Erde.

2. Auf die Mitte der Folie, direkt über dem Gefäß, legst du einen kleinen Stein, sodass die Folie dort etwas durchhängt.

3. Bei Sonnenschein verdunstet das Wasser aus dem Boden und aus den Pflanzen und kondensiert an der Folie. Am tiefsten Punkt der Folie tropft das Wasser dann in das darunter stehende Gefäß.

24

WASSER SAMMELN

Hast du feuchten Sand gefunden und gibt es Grünzeug in der Nähe? Dann kannst du daraus Wasser zaubern. Allerdings muss dazu die Sonne kräftig scheinen und es dauert einige Zeit, bis sich genug Wasser für einen kräftigen Schluck gesammelt hat.

Bevor du größere Mengen des gesammelten (destillierten) Wassers trinkst, musst du etwas Sand hineinrühren. Sonst bringst du das Wasser-Mineralstoff-Gleichgewicht in deinem Körper durcheinander und du trocknest nur noch mehr aus.

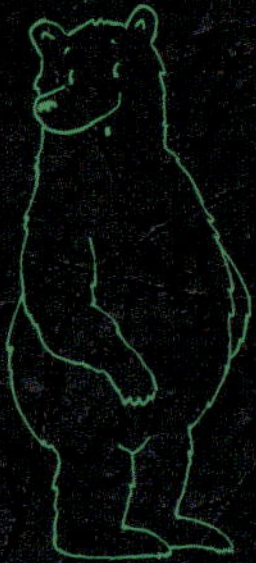

So wird's gemacht:

1. Der Abenteurer, der die Räuberleiter bildet, stellt sich mit dem Rücken zum Hindernis.

2. Die Finger beider Hände verschränken und die Arme lang nach unten ausstrecken. Die Handflächen zeigen dabei nach oben und bilden den ersten Tritt. Fertig ist die Räuberleiter.

3. Der Kletterer setzt einen Fuß in den Tritt und steigt mit Schwung hinauf. Bei Bedarf kann die Schulter als weiterer Tritt benutzt werden.

31 DIE RÄUBERLEITER

Die Räuberleiter ist eine Technik, mit der man in Bäume klettern oder Mauern überwinden kann. Mindestens zwei Abenteurer werden gebraucht: Einer bildet die Räuberleiter, der zweite steigt in die Höhe. Ist der Höhenunterschied überwunden, kann der zweite Abenteurer nachgezogen werden (siehe Karte 30).

So wird's gemacht:

Am besten nimmst du einen großen Müllsack mit Zugband.

1. Schneide das untere Ende, also den Boden, auf.

2. Lege den Sack flach hin und schneide etwa 20 cm unter dem oberen Rand (mit dem Band) rechts und links je einen Viertelkreis von etwa 10 cm Länge für die Arme.

3. Ziehe den Sack über den Kopf, stecke die Arme durch die Löcher und ziehe am Zugband, um die obere Öffnung am Kragen zu verkleinern.

DER VIELZWECK-MÜLLSACK

Ein Müllsack ist leicht, braucht wenig Platz im Rucksack und ist für viele Zwecke zu gebrauchen:

- Fülle ihn mit trockenem Laub und du bekommst ein weiches Kopfkissen oder eine bequeme Matratze.

- Transportiere in ihm deine Ausrüstung, Lebensmittel oder sogar Wasser.
- Schneide den Sack in Streifen und du hast einen prima Fliegenvorhang für deinen Unterschlupf.
- Als Windsack zeigt er dir, woher und wie stark der Wind weht.
- Besonders nützlich ist der Müllsack als Regenponcho.

So wird's gemacht:

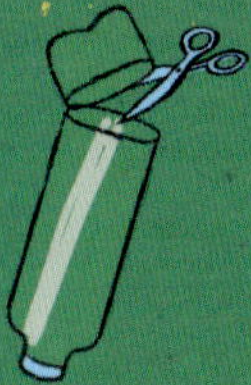

1. Schneide den Boden der Plastikflasche ab. Bohre an den Seiten zwei Löcher, befestige die Schnur daran und hänge die Flasche kopfüber auf.

2. Fülle die Filterschichten hinein. Zuerst Filterpapier oder Stoff, dann die Holzkohle. Danach je eine Schicht Sand und Kiesel.

3. Zum Schluss bohrst du ein kleines Loch in den Deckel der Flasche und stellst ein Gefäß darunter.

4. Gießt du oben trübes Wasser in den Filter, läuft unten das gefilterte Wasser in deinen Auffangbehälter.

26

WASSER FILTERN

In trübem Wasser sind Schmutz und vielleicht auch Krankheitserreger enthalten. Ein selbst gebauter Filter hilft, einen großen Teil davon aus dem Wasser zu entfernen.

Für einen einfachen Filter brauchst du:

- 1 große Plastikflasche
- kleine Kieselsteine
- Sand
- gewaschene feine Holzkohle (aus dem Lagerfeuer)
- Filterpapier, Stoff oder Watte
- 1 Stück Schnur zum Aufhängen des Filters
- 1 Gefäß zum Einfüllen des schmutzigen Wassers
- 1 Gefäß zum Auffangen des sauberen Wassers

Was nun?

Verlaufen und kein Empfang – so geht's weiter:

- Die wichtigste Regel lautet: Ruhe bewahren!
- Frage andere Wanderer nach dem Weg!
- Gehe bis zu der Stelle zurück, an der du dich noch auskanntest.
- Orientiere dich neu – am besten mit Karte und Kompass (siehe Karte 36).
- Halte Ausschau nach auffälligen Gebäuden oder Bergspitzen. Sie sind gute Orientierungshilfen, auch um nicht im Kreis zu laufen.
- Suche nach Menschen, die dir weiterhelfen können: Steige ab ins Tal, folge Bächen und Flüssen in Fließrichtung. Und spitze deine Ohren, auch Geräusche von Fahrzeugen oder Maschinen können dir weiterhelfen!

43

VERLAUFEN

Auf der Suche nach einem Schatz kann man sich schon mal im Wald verlaufen.

Tipp: Bevor die Tour startet, gibst du Start- und Zielkoordinaten sowie die Wegpunkte in dein Smartphone ein! So kannst du im Notfall nahe gelegene Stationen anlaufen und findest sicher zurück.

Das Smartphone zeigt dir, wo es langgeht. Aber auf den Weg musst du selbst achten!

So wird's gemacht:

1. Finde die Sonne.

2. Halte die Uhr waagerecht vor dich und drehe sie, bis der kurze Stundenzeiger zur Sonne zeigt.

3. Nun liegt Süden genau in der Mitte zwischen der 12 und der Richtung, in die der kurze Stundenzeiger zeigt.

Tipp: Es wird immer der kleinere Winkel zwischen dem Stundenzeiger und der Richtung zur 12 halbiert: vormittags zwischen Stundenzeiger und 12, nachmittags zwischen 12 und Stundenzeiger.

35 SÜDEN FINDEN MIT DER UHR

Auch mit einem Blick auf die Sonne und deine Armbanduhr kannst du die Himmelsrichtungen bestimmen. Für diesen raffinierten Survival-Trick brauchst du allerdings eine Uhr mit Zifferblatt.

Tipp: Um 12 Uhr mittags weißt du sofort, wo Süden ist – nämlich genau da, wo die Sonne steht. Das gilt allerdings nur für die Nordhalbkugel der Erde. Und während der Sommerzeit steht die Sonne erst um 1 Uhr im Süden.

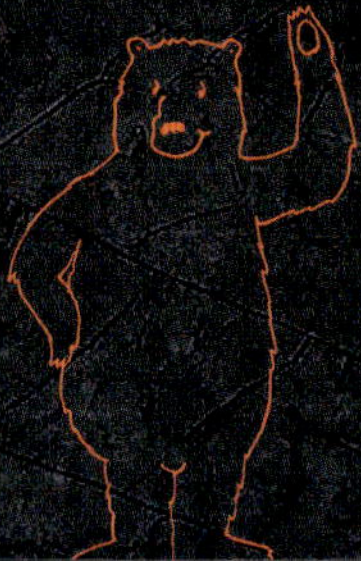

So wird's gemacht:

1. Suche ein gerades Aststück und entferne die Rinde. Setze das Holz mit dem unteren Ende auf eine feste Unterlage und halte es mit einer Hand am oberen Ende so fest, dass es leicht schräg steht.

2. Setze das Messer sehr flach an und schneide von der halben Stocklänge nach unten sehr feine Streifen. Alle Streifen sollen etwa in gleicher Höhe enden – nicht abschneiden!

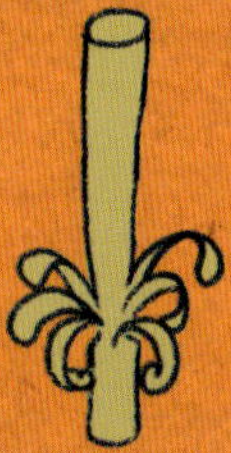

Du kannst die Holzlocken direkt am Stock anzünden und diesen an die Feuerstelle legen. Oder du formst aus einzelnen Holzlocken ein Zundernest und zündest dieses an.

11 DER FEDERSTOCK

Manchmal ist es schwer, trockenes Holz zum Anzünden des Lagerfeuers zu finden. Dann kommt der Federstock zum Einsatz. Das ist ein Stück Holz, von dem du hauchdünne Streifen schälst, die sich von selbst zu Holzlocken kringeln. Du kannst sie als Zunder verwenden, weil sie sich ganz leicht anzünden lassen.

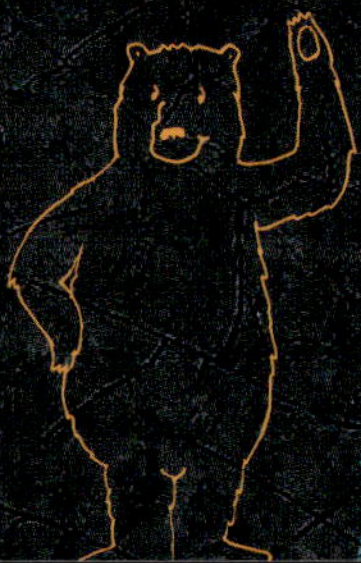

So wird's gemacht:

Verhaltensregeln bei Gewitter

Ein Blitz schlägt meist in den höchsten Punkt der Umgebung ein. Darum:

- Meide alleinstehende Bäume und offenes Gelände (dort wärst du der höchste Punkt!), Bergspitzen oder Türme.
- Suche eine tiefer gelegene Stelle auf.
- Nimm die Schutzhaltung ein: Gehe in die Hocke, die Füße ganz dicht beieinander, umschlinge die Beine mit den Armen und ziehe den Kopf ein.

Bei Blitzen fließen starke elektrische Ströme, die von Metall und Wasser weitergeleitet werden. Darum:

- Halte Abstand zu allen Metallgegenständen – auch zu deinem Fahrrad!
- Raus aus dem Wasser!

45

WAS TUN BEI GEWITTER?

Wachsende Wolkentürme sind sichere Anzeichen für ein nahendes Gewitter. Auch Schwüle mit aufkommendem Wind und Donnergrollen deutet auf ein Gewitter hin.

Bei den ersten Anzeichen heißt es: Weg vom Wasser und Schutz suchen! Häuser und Schutzhütten mit Blitzschutzanlagen sowie Autos sind sichere Orte. Auch mitten im Wald unter gleich hohen Bäumen bist du relativ sicher davor, von einem Blitz getroffen zu werden.

So wird's gemacht:

Sammle in einem wasserdichten Döschen trockenen Zunder auf Vorrat.

Dafür eignen sich zum Beispiel:

- Samen von Disteln
- Samen von Rohrkolben
- dünne Streifen der weißen Birkenrinde
- zerriebenes trockenes Laub
- trockene Hälmchen
- Anspitzreste

21 ZUNDER SAMMELN

Zunder ist leicht brennbares Material, mit dem du ein Feuer starten kannst. Outdoor-Spezialisten tragen immer ein Döschen mit Zunder bei sich. So können sie mithilfe ihres Zunder-Vorrats ein Feuer entfachen, auch wenn kein einziger trockener Halm zu finden ist.

Ist der Boden an deiner Feuerstelle kalt und feucht, baust du am besten aus einigen Zweigen eine kleine Unterlage für den Zunder.

So wird's gemacht:

Pyramidenfeuer
Stelle Äste in Pyramidenform um ein Zundernest auf. Die stärkeren Hölzer werden auf der dem Wind abgewandten Seite angelehnt. An der Windseite lässt du eine Öffnung zum Anzünden frei.

Sternfeuer
Lege mehrere Äste sternförmig auf den Boden, sodass sie in der Mitte zusammenstoßen. Dort wird das Feuer entzündet. Sind die Äste gut angebrannt, schiebst du sie vorsichtig von außen ein Stück weiter in die Mitte.

Pagodenfeuer
Lege jeweils zwei Äste mit etwas Abstand parallel auf den Boden und staple kreuzweise weitere Äste übereinander, sodass ein Turm entsteht. Nach oben hin soll der Turm schmaler werden.

20 FEUERHOLZ AUFSCHICHTEN

Für ein Lagerfeuer brauchst du Brennmaterial: Zunder zum Anzünden (siehe Karte 21), dünne Zweige zur Hitzeentwicklung und schließlich dicke Äste, um Glut fürs Kochen und Wärmen zu erzeugen.

Es gibt unterschiedliche Methoden, das Feuerholz aufzuschichten. Sie eignen sich für verschiedene Anlässe:
Die Pyramide ergibt ein gutes Wärmefeuer.
Das Sternfeuer ist gut zum Kochen geeignet.
Das Pagodenfeuer ist ein gutes Leuchtfeuer.

Gut zu wissen: Nur trockenes Holz brennt gut. Ausnahme: Birkenholz.

So wird's gemacht:

1. Suche einen sicheren Ort mit reichlich Abstand zu allem Brennbaren. Räume Laub und anderes Brennbare auf dem Boden beiseite und errichte einen Steinkreis um die Feuerstelle herum, sodass sich das Feuer nicht am Boden ausbreiten kann.

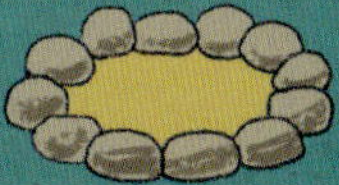

2. Schichte trockene Zweige und Äste um ein Zundernest herum. An der Windseite lässt du eine Öffnung zum Anzünden frei (siehe Karte 20).

3. Entzünde ein Streichholz und halte die Flamme an den Zunder. Glimmt er, bläst du vorsichtig, bis er aufflammt. Lege feines Brennmaterial nach, bis auch die Äste Feuer gefangen haben. Dein Lagerfeuer brennt.

19

EIN LAGERFEUER ANZÜNDEN

Ein Feuer kann lebenswichtig sein. Es spendet Licht, wärmt und hält wilde Tiere fern. Man kann am Lagerfeuer warme Mahlzeiten zubereiten, und im Notfall ist Feuer als Signal („Hier bin ich!") sehr nützlich.

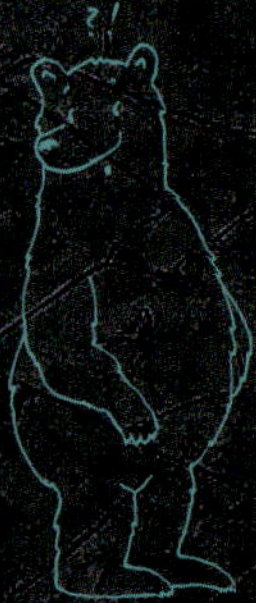

Ein Lagerfeuer darf nie ohne Aufsicht bleiben! Ein Eimer voll Wasser zum Löschen muss von Anfang an bereitstehen. Außerdem ist ein Erwachsener nötig, der notfalls eingreifen kann.

Zum Anzünden brauchst du: Streichhölzer oder Feuerzeug, Zunder, Zweige und Äste.

So wird's gemacht:

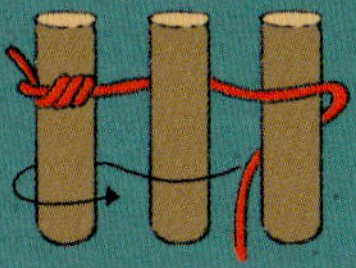

1. Lege die drei Stangen parallel nebeneinander auf den Boden. Befestige den Anfang des Seils mit einem Zimmermannsknoten (siehe Karte 2) im oberen Viertel einer Stange.

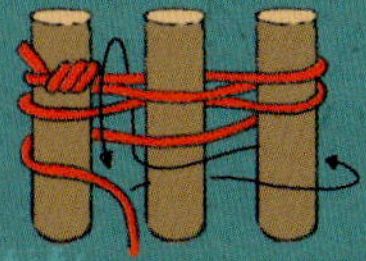

2. Führe das Seil abwechselnd über und unter den benachbarten Stangen durch, bis das Seil an jeder Stange dreimal nebeneinanderliegt.

3. Wickle das Seil je zweimal zwischen den Stangen durch. Befestige das Seilende mit einem Webeleinstek (siehe Karte 4) an einer Stange.

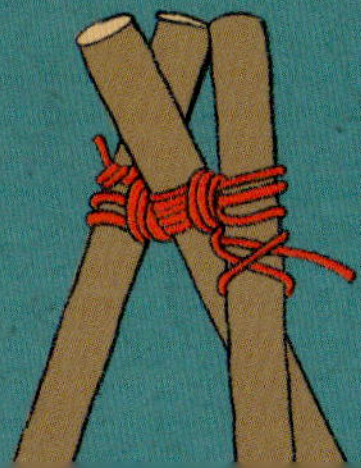

Beim Aufstellen wird durch das Verschränken der drei Holzstangen die nötige Spannung erreicht.

18

DAS DREIBEIN

Ein Dreibein ist ein stabiles und vielseitiges Gerüst. Es kann das Grundgerüst eines Tipis bilden oder einen Kochtopf über dem Feuer halten.

Ein Dreibein besteht aus drei langen Stangen, die an der Spitze zusammengebundenen werden. Selbst auf unebenem Untergrund steht ein Dreibein, ohne zu kippeln. Je steiler die Stangen stehen, desto mehr Last kann das Dreibein tragen. Stellst du es dagegen „breitbeinig“ auf, ist es standfester bei seitlichem Wind.

Du brauchst:

- 3 stabile Stangen (Länge abhängig von der Verwendung des Dreibeins)
- 1 Seil bzw. Leine (2–3 m lang)

So wird's gemacht:

Zum Aufhängen der Hängematte eignet sich der Achtknoten besonders gut.

1. Befestige das erste Halteseil etwa in Kopfhöhe, am besten oberhalb einer Astgabel am Baum. Dazu legst du ein Seil doppelt um den Baumstamm und ziehst die beiden losen Enden durch die Seilschlaufe.

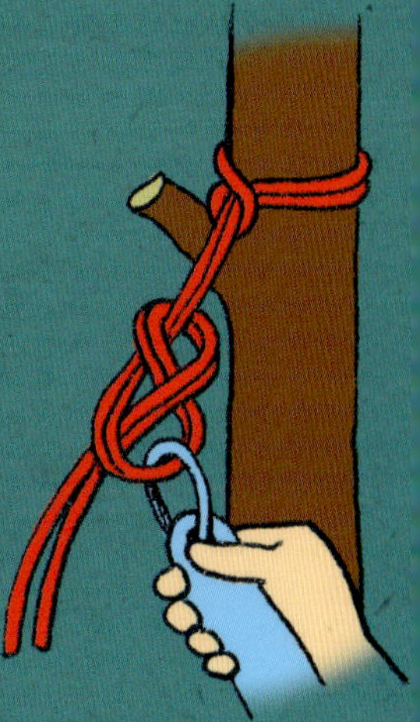

2. Ziehe die beiden losen Seilenden gemeinsam durch die Öse der Hängematte und zurück zum Baum.

3. Knote mit beiden Seilenden gemeinsam den Achtknoten, wie auf der Zeichnung zu sehen, und ziehe ihn fest.

Wiederhole die Schritte am zweiten Baum mit dem anderen Seil.

17 HÄNGEMATTEN AUFHÄNGEN

Um dich von den Strapazen in der Wildnis zu erholen, ist eine Hängematte ideal. Dafür brauchst du außer der Hängematte selbst nur zwei starke Seile und zwei standfeste Bäume in passendem Abstand.

Wichtige Tipps fürs Aufhängen:

- Die Bäume sollten in einem Abstand von 3,5–4,5 m stehen.
- Die Enden der Hängematte sollten gleich weit von den Bäumen entfernt sein und in gleicher Höhe befestigt sein.
- Die Halteseile sollten nicht zu stramm am Baum hängen.
- Die Hängematte sollte am tiefsten Punkt noch 30–45 cm Abstand zum Boden haben.

16

DAS IGLU

Vor eisiger Kälte und Schneestürmen kann dich ein Iglu schützen, ein kuppelförmiges Haus aus Schnee. Eskimos nutzen Iglus auch heute noch als Unterschlupf, wenn sie von Wetterumschwüngen überrascht werden.

Für den Bau eines Iglus brauchst du richtig viel Schnee. Am besten baut ihr zu mehreren daran. Dann wird die Arbeit leichter, und es ist gleich Hilfe zur Stelle, falls das Iglu mal einstürzen sollte.

Tipp: Liegt der Eingang auf der windabgewandten Seite und tiefer als der Boden, so bleibt die Wärme im Iglu.

So wird's gemacht:

1. Markiere auf dem Boden einen Kreis in der gewünschten Iglu-Größe als Bauplatz.

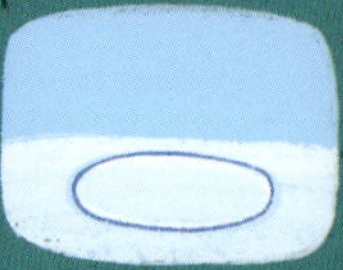

2. Stapele Schneeblöcke in einer ansteigenden Spirale aufeinander. Eine Lücke für die Tür nicht vergessen! Jeder Block muss unten gut aufliegen und sich an der oberen Ecke am Nachbarblock anlehnen. Damit eine Kuppel entsteht, müssen sich die Schneeblöcke immer etwas nach innen neigen.

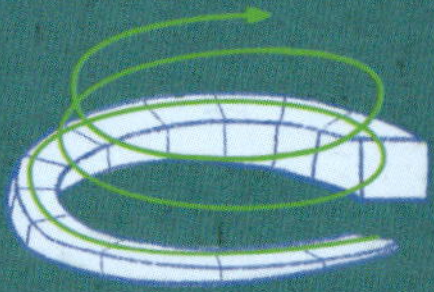

3. Lege den „Schlussstein" über die verbliebene Lücke und passe ihn von innen ein. Dichte die Fugen mit Schnee ab und glätte die Innenflächen, so rinnt Schmelzwasser an den Wänden entlang nach unten und tropft nicht von der Decke.

So wird's gemacht:

1. **Brennmaterial entfernen:** Willst du bald aufbrechen, denke rechtzeitig daran, kein Brennholz mehr nachzulegen. Entferne alles Brennbare aus der Nähe des Feuers, dann wird es bald von selbst erlöschen.

2. **Mit Wasser abkühlen:** Gieße Wasser ins Feuer. Das Feuer erhitzt das Wasser, bis es sich in Wasserdampf verwandelt. Dabei fällt die Temperatur des Feuers unter den Flammpunkt und erlischt.

3. **Mit Sand ersticken:** Um die Sauerstoffzufuhr zu unterbrechen, schaufelst du Sand auf die Feuerstelle. Das Feuer wird „erstickt".

Vergewissere dich, dass das Feuer nicht wieder aufflammen kann!

22

EIN LAGERFEUER LÖSCHEN

Bevor Abenteurer ihr Camp verlassen, stellen sie sicher, dass das Lagerfeuer völlig erloschen ist. Um zu brennen, braucht ein Feuer Brennmaterial, Wärme und Sauerstoff. Willst du das Feuer löschen, musst du diese Dinge entfernen.

Sicherheit

Achte immer darauf, dass du dich nicht selbst gefährdest. Bekommst du ein Feuer nicht mehr in den Griff, bring dich und andere in Sicherheit und verständige sofort die Feuerwehr über die **Notrufnummer 112**.

So wird's gemacht:

1. Stelle die beiden Äste mit verschränkten Astgabeln auf, das ist die Öffnung der Hütte. Bohre die Enden in die Erde. Lege den langen Ast senkrecht dazu: ein Ende auf die verschränkten Astgabeln, das andere Ende auf den Boden.

2. Belege die Seiten des Gerüstes mit schräg gestellten Ästen und decke das Bauwerk zuletzt mit einer dicken Schicht aus trockenem Laub ab.

3. Isoliere die Liegefläche gegen Bodenkälte mit trockenem Laub und Gras. Fertig!

15

DIE LAUBHÜTTE

Du bist im Wald und möchtest einen Unterschlupf ohne Plane bauen? Dann ist die Laubhütte genau das Richtige für dich.

Aus herumliegenden Ästen und Zweigen lassen sich ganz verschiedene Hütten bauen. Als Bauplatz ist ein trockener, ebener Untergrund ideal. Weil dafür nur Materialien aus der Natur verwendet werden, kann man die Hütten einfach stehen lassen, wenn man den Wald wieder verlässt.

Du brauchst:

- 2 stabile Äste mit Astgabeln (etwa 1,20 m lang)
- 1 stabilen, geraden Ast (ein Stück länger als du selbst)
- viele Äste von unterschiedlicher Länge
- eine Menge trockenes Laub und etwas Gras

So wird's gemacht:

Dich selbst in Sicherheit bringen – so wird's gemacht:

- Bringe dich gegen den Wind in Sicherheit.
- Wenn das Feuer auf dich zukommt, versuche quer zur Windrichtung zu entkommen.
- Feuer wandert meist aufwärts. Auch der Rauch zieht immer nach oben, bringe dich also nach unten, in tiefer gelegene Bereiche in Sicherheit.
- Befeuchte ein Tuch und halte es vor den Mund. Das lindert die reizende Wirkung des eingeatmeten Rauchs.

46

ES BRENNT – WAS TUN?

Je länger es heiß und trocken ist, desto höher ist die Waldbrandgefahr. Feuer im Wald kann auch durch Blitzschlag entstehen, aber meist wird es durch unvorsichtige Menschen verursacht.

Wenn du aus der Ferne einen Waldbrand siehst, alarmiere sofort die Feuerwehr unter der **Notrufnummer 112**. Jede Minute zählt.

Folgendes übermittelst du:

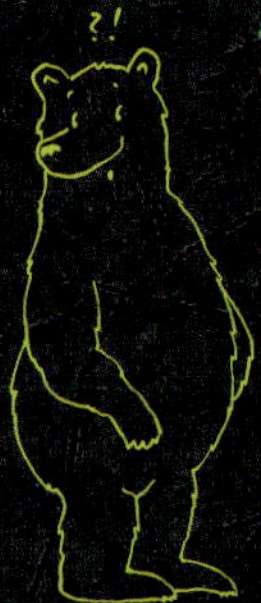

Wer meldet sich?
Was ist passiert / was brennt?
Wo ist es passiert / wo brennt es?
Wie viele Personen sind verletzt oder in Gefahr?
Wie kommt man zur Brandstelle?
Und dann: Warten auf Rückfragen.

So wird's gemacht:

Begegnung mit einem Wolf – so verhältst du dich richtig:

Normalerweise meiden Wölfe die Menschen. Allerdings kann es gefährlich werden, wenn sie sich in die Enge getrieben fühlen.

1. Siehst du einen Wolf, bewahre die Ruhe. Renne nicht weg und kreische niemals wie ein verletztes Tier – das könnte den Jagdinstinkt des Wolfes wecken.

2. Tue so, als hättest du das Tier gar nicht bemerkt. Vermeide Blickkontakt.

3. Entferne dich langsam, aufrecht und selbstbewusst in eine sichere Richtung. Dabei kannst du kräftig auftreten, klatschen oder laut singen, um den Wolf zu beeindrucken.

Tipp: Im Gegensatz zu Hunden tragen Wölfe ihre Ruten meist gerade und gesenkt!

47

WILDE TIERE

Zwar sind bei uns viele wilde Tiere nachts aktiv oder verstecken sich, wenn Menschen in die Nähe kommen. Doch es kann immer mal vorkommen, dass du in der Natur auch auf wilde Tiere triffst.

Begegnest du einem zutraulichen Fuchs, gehe ihm aus dem Weg. Er könnte Tollwut haben. Durch einen Biss kann er die Krankheit auf dich übertragen.

Vorsicht ist auch bei Wildschweinmüttern geboten: Wenn sie ihre Jungen beschützen wollen, greifen sie auch Menschen an. Dann hilft nur eins: langsam und unaufgeregt zurückziehen!

So wird's gemacht:

Was du siehst: Ballenabdrücke, 4 Zehen, keine Krallen → Familie der Katzen

Was du siehst: Ballenabdrücke, 4 Zehen + Krallen → Familie der Hunde

48 SPUREN LESEN I

Gefährlichen Wildtieren kannst du rechtzeitig ausweichen, wenn du Spuren lesen kannst. Auf weichem, feuchtem Untergrund oder im Schnee sind Abdrücke besonders gut zu erkennen. Auch die Richtung, in die ein Tier gelaufen ist, lässt sich an den Spuren ablesen.

Katze oder Luchs? Beide hinterlassen ähnliche Pfotenabdrücke, genau wie Puma, Löwe oder Tiger. Die Größe macht den Unterschied.

So wird's gemacht:

Entdeckst du diese kleineren Spuren, droht keine Gefahr.

Was du siehst: Ballenabdrücke, 5 Zehen + Krallen → Marderartige

49

SPURENLESEN II

Manchmal kommt es allein auf die Größe der Abdrücke an, ob du dich schleunigst aus dem Staub machen solltest oder nicht.

Was du siehst:

Ballenabdrücke, 5 Zehen + Krallen → Familie der Bären und Kleinbären

Dazu gehören: Braunbär, Waschbär, ...

So wird's gemacht:

Rehe und Hirsche stellen keine Gefahr dar. Doch ihre Abdrücke ähneln denen der Elche – und die können gefährlich werden, wenn sie sich bedrängt fühlen oder ihre Jungtiere schützen wollen. Da laufen sie schon mal Menschen über den Haufen. Achte also auch hier auf die Größe der Spuren:

Was du siehst: 2 längliche Abdrücke, die vorn spitz zulaufen.

Dieser einteilige Abdruck gehört zu einem Einhufer, z.B. einem Pferd. Pferde sind normalerweise ungefährlich, doch wenn sie in Panik geraten, können auch sie dich einfach umrennen.

50

SPURENLESEN III

Gefährlich werden kann es, wenn du diese Abdrücke entdeckst. Sie stammen von Wildschweinen.

Wildschweinspuren zeigen zwei nebeneinanderliegende längliche Abdrücke plus die Abdrücke der Afterklauen (Zehen oberhalb des Fußes) am hinteren Ende.

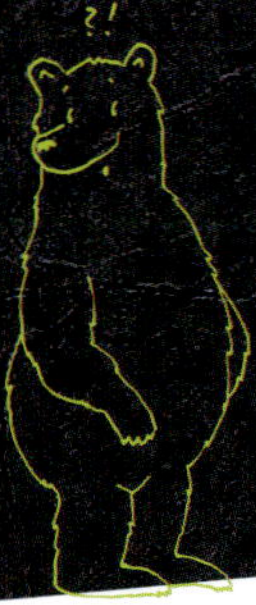

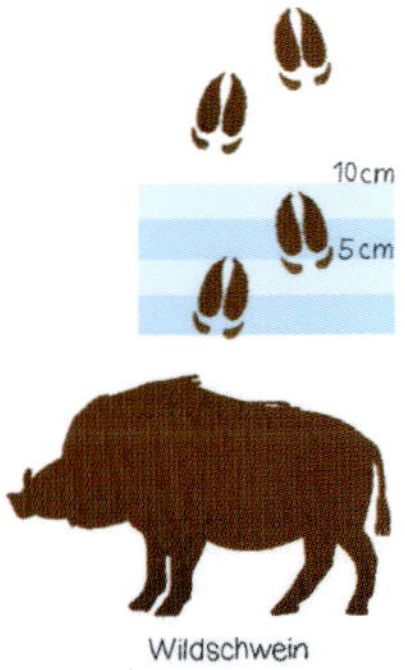

So wird's gemacht:

1. Stelle das Holz senkrecht auf eine feste Unterlage, zum Beispiel einen Stein, und setze dein Messer mit der Schneide oben auf.

2. Klopfe mit dem Schlagholz leicht auf den Messerrücken, bis die Schneide im Holz versunken ist.

3. Klopfe weiter auf den Griff des Messers, bis das Holz auseinanderfällt. Pass auf deine Finger auf!

Das Messer wirkt als Keil, der die Hälften auseinandertreibt. Das funktioniert natürlich nur in Längsrichtung des Holzes!

10 HOLZ SPALTEN – BATONING

Ist ein Holzstück zu dick oder brauchst du nur Teile davon, kannst du das Holz längs spalten. Dazu benutzt du ein stabiles Survival-Messer und ein Schlagholz.

Auch um an das trockene Innere zu gelangen, spaltet man Holz. Das ist besonders bei schlechtem Wetter sehr nützlich, denn mit trockenem Holz lässt sich ein Lagerfeuer viel leichter entfachen.

Das Schlagholz muss einiges aushalten. Suche dir einen etwa 30 cm langen und mindestens 2,5–3 cm dicken, robusten Stock (engl. baton) aus hartem Holz, der gut in der Hand liegt.

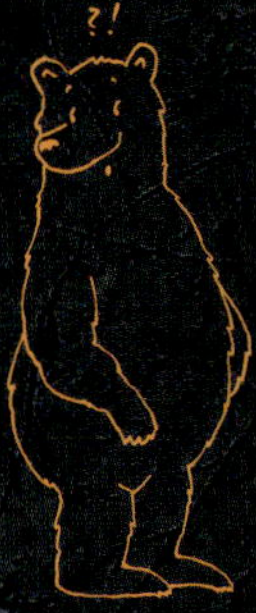

So wird's gemacht:

Zwei wichtige Schnitz-Arbeiten, die du immer wieder gebrauchen kannst, sind das Anspitzen und das Abrunden von Astenden.

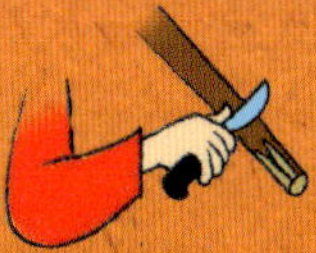

Anspitzen
Setze die Schneide deines Messers flach aufs Holz und schnitze in langen Schnitten zum Astende hin. Drehe den Ast nach jedem Schnitt, bis eine Spitze entsteht.

Abrunden
Setze die Messerschneide kurz oberhalb des Astendes an und schnitze in kurzen Schnitten. Drehe den Ast nach jedem Schnitt, bis das Ende rund ist.

Drücke mit dem Daumen der Hand, die das Holz hält, auf den Messerrücken – so kannst du den Schnitt gut kontrollieren.

Halte den Ast beim Schnitzen immer so, dass er vom Körper weg nach vorne zeigt.

9

SCHNITZEN

Um zu verhindern, dass du dich oder andere mit dem scharfen Schnitzmesser verletzt, gibt es ein paar Regeln:

- Wer schnitzt, der sitzt!
- Immer mit scharfer Klinge und vom Körper weg schnitzen!
- Die Hand, die das Holz hält, liegt immer hinter dem Messer!
- Immer mehr als eine Armlänge Abstand zum Nachbarn halten!
- Das Messer nur in der Messerscheide (einer Hülle aus festem Material wie z. B. Leder) oder mit dem Griff voran übergeben!
- Nie mit offenem Messer herumlaufen!

So wird's gemacht:

1. Fasse die Seilschlaufen zu einem Bund zusammen. Wickle die letzten Meter Seil mehrmals und von unten nach oben um den Bund herum.

2. Lege aus dem Seilende eine Schlaufe und ziehe diese von der Rückseite des Bundes durch die obere Hälfte des Bundes nach vorn.

3. Stülpe diese Schlaufe über den Bund nach hinten. Ziehe das Seilende nach unten, so wird die Schlaufe fest. Fertig!

8 EIN SEIL ZUSAMMENLEGEN

Lege dein Seil und deine Leinen immer ordentlich zusammen, damit sie jederzeit einsatzbereit sind. Musst du in der Wildnis erst ein Riesenseilknäuel entwirren, kann es schon zu spät sein.

Zuerst legst du das Seil in Schlaufen. Pass auf, dass es sich dabei nicht verdreht! Du kannst es über die Hand legen oder bei angewinkeltem Arm um die Hand und den Ellenbogen herumwickeln, um gleichmäßig große Schlaufen zu erhalten.

Deine Ausrüstung

Das solltest du in der Wildnis dabeihaben:

- Karte, Kompass
- Taschenlampe, Trillerpfeife
- feste Schuhe, farbiges Halstuch
- Flasche Wasser, Proviant
- Erste-Hilfe-Set
- Taschenmesser, Streichhölzer in der Dose
- Schnur, Leuchtstab bzw. Knicklicht
- Handy
- evtl. Fernglas

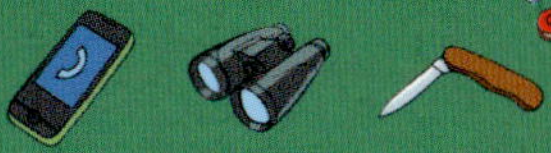

Rucksack-Packordnung: Schwere Sachen kommen nach unten, leichte nach oben.

Die Kapitelfarben

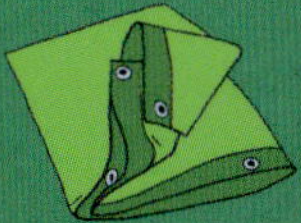

Was Abenteurer können müssen

Dein Basislager

Tricks und Kniffe für alle Fälle

Orientierung und Signale

Gefahren erkennen und meistern

WICHTIG!

- Gehe nie allein in die Wildnis!
- Hinterlasse eine Nachricht, wohin du gehst und wie lange du wegbleiben willst.
- Nimm dir nicht zu viel vor, weder beim Tempo noch bei der Dauer deiner Expedition.
- Schütze deinen Kopf mit einer Mütze vor Hitze oder Kälte.
- Bleibe flexibel, indem du mehr oder weniger Kleidungsstücke übereinander trägst (Zwiebel-Look).
- Behalte die Ruhe, falls etwas Unvorhergesehenes passiert.
- Nimm ein Handy mit, damit du erreichbar bist und selbst Hilfe rufen kannst.

Dieses Kartenset gehört zur Ausrüstung von:

Alle Tipps und Informationen in diesem Set sind sorgfältig ausgewählt und geprüft. Dennoch können weder Urheber noch Verlag eine Garantie übernehmen. Eine Haftung für Personen-, Sach- und Vermögensschäden ist ausgeschlossen.

MIX
Papier aus verantwortungsvollen Quellen
FSC® C020056
www.fsc.org

5 4 3 2 1 23 22 21 20 19
ISBN 978-3-649-62925-2

Hafenweg 30, 48155 Münster, Germany
CH: Baumgartner Bücher AG,
Centralweg 16, 8910 Affoltern a.A.

Text: Barbara Wernsing
Fotos: L. Ebbert (Karte 13), fotolia (Karte 0, 6, 9, 10, 18, 19, 21, 23, 28, 29, 31, 34, 36, 38, 41, 45-47, 49 hinten), iStock (8, 15-17, 20, 22, 25, 27, 30, 37, 40, 42-44, 48, 49 vorn, 50), S. Tommes (32, 33, 39), B. Wernsing (Karte 1-3, 5, 7, 11, 12, 14, 24, 26, 35)
Illustrationen: Hartmut Bieber
Satz: Alexander Nuißl
Redaktion: Karoline Snoek

www.coppenrath.de

Nature zoom

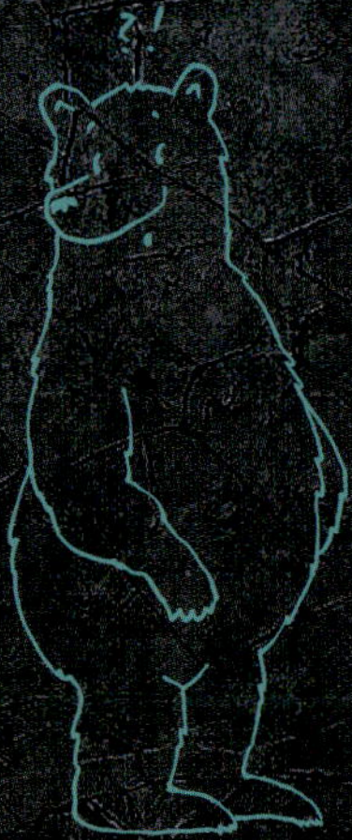

50 SURVIVAL-TRICKS

COPPENRATH

So wird's gemacht:

1. Lege die Leine um einen Pfosten oder ziehe sie durch einen Anbinde-Ring. Führe das lose Leinenende um das feste Ende (mit dem Tier) herum.

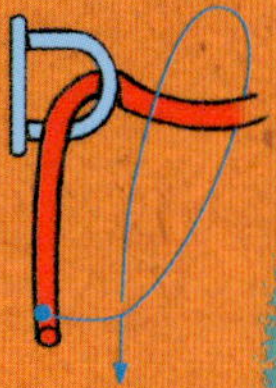

2. Lege das lose Ende doppelt und stecke es zur Hälfte durch die Schlaufe.

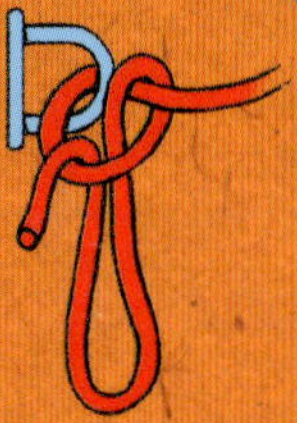

3. Ziehe am festen Ende, bis der Knoten fest sitzt.

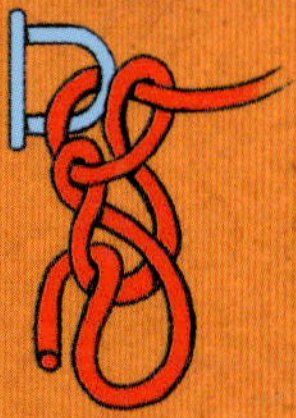

Tipp: Um den Knoten noch sicherer zu machen oder wenn die Leine sehr lang ist, kannst du die Schlaufen mit dem Leinenende mehrfach wiederholen.

1

PANIKKNOTEN

Mancher Abenteurer reitet durch die Wildnis oder hat bei längeren Expeditionen ein Packtier dabei, das die Ausrüstung trägt. Mit diesem Anbindeknoten kannst du dein Reit- oder Packtier oder auch deinen Hund schnell und sicher anbinden. Selbst unter Spannung, wenn das Tier stark an der Leine reißt, kannst du den Knoten mit einem einzigen Zug am freien Ende der Leine blitzschnell lösen. Sicher angebunden, schnell befreit!

So wird's gemacht:

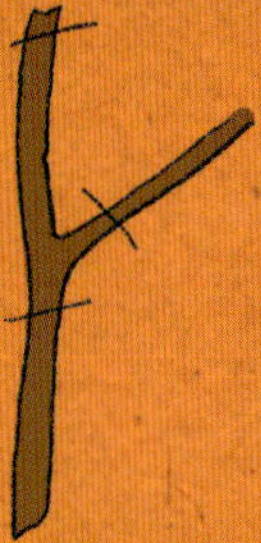

1. Suche dir für deinen Ersatzhering eine Astgabel. Der dünne Zweig sollte im spitzen Winkel vom dicken Ast (mindestens 2 cm dick) abzweigen.

2. Schneide oder säge den Ast unterhalb der Gabelung ab. Oberhalb der Gabelung kürzt du ihn auf etwa 20 cm Länge. Den Zweig schneidest du auf etwa 4 cm Länge ab.

3. Zuletzt wird das längere Ende angespitzt. So bekommt man den Hering später leichter in den Boden. Das kurze Zweigteil bildet den Haken, in den z. B. eine Spannleine eingehakt wird.

12 EIN HERING

Damit Zelte und Planen nicht wegfliegen, werden sie mit Spannleinen an Ort und Stelle festgehalten. Um die Spannleinen am Boden zu verankern, brauchst du sogenannte Heringe. Das sind Verankerungsstifte aus Metall oder Kunststoff. Doch leider gehen Heringe schnell verloren, und darum ist es gut, wenn du dir im Wald aus einer Astgabel schnell Ersatz schnitzen kannst.

So wird's gemacht:

1. Lege die Plane an den vorgesehenen Zeltplatz. Richte das Zelt so aus, dass der Wind später nicht hineinweht. Befestige an der hinteren Seite die beiden Ösen links und rechts der Mitte mit zwei Heringen im Boden. Die überstehenden Ecken schlägst du nach innen um.

2. Spanne die vordere Mitte der Plane mithilfe von Stock, Leine und Hering in die entgegengesetzte Richtung, also nach vorne, ab.

3. Spanne die beiden vorderen Ecken der Plane nach links und rechts ab.

13

DAS KLEINE PLANEN-ZELT

Schutzplanen können viele verschiedene Aufgaben erfüllen. Du kannst aus ihnen prima ein Sonnensegel, einen Wind- und Regenschutz oder ein Zelt machen.

Ein kleines Planen-Zelt ist mit etwas Übung in nur fünf Minuten aufgestellt und bietet Platz für ein bis zwei Personen.

Du brauchst:

- 1 wasserdichte Abdeckplane (mit Ösen, 3 m x 4 m groß)
- 1 stabilen Stock (ca. 80 cm lang)
- 1 Abspannleine (mindestens 1,5 m lang)
- 5 Heringe (selbst geschnitzt, siehe Karte 12)

So wird's gemacht:

1. Mache mitten im Seil eine Schlaufe und verdrehe sie einmal. Klappe den oberen Teil nach unten.

2. Führe ihn unter den beiden gekreuzten Enden des Seils durch und stecke ihn durch die obere Schlaufe.

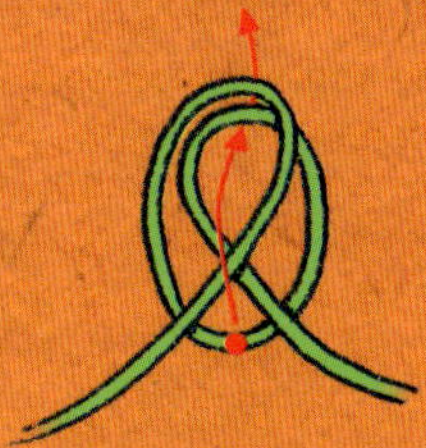

3. Um den Knoten festzuziehen, hältst du die Enden fest und ziehst an der Schlaufe.

3 SCHMETTERLINGSKNOTEN

Den Schmetterlingsknoten brauchst du, um eine Schlinge mitten im Seil zu knüpfen – ohne loses Seilende. Der Knoten lässt sich leicht wieder lösen. Er wird oft von Kletterern verwendet, z. B. als Anseilschlaufe. Auch zum Spannen von Seilen zwischen Bäumen oder zum Einhängen von Umlenkungen bei Flaschenzügen ist er nützlich.

Tipp: Mehrere Schmetterlingsknoten hintereinander mit ausreichend großen Schlaufen ergeben die Tritte für eine behelfsmäßige Strickleiter!

Es lohnt sich also, diesen vielseitig einsetzbaren Knoten gut zu üben.

Das Seilende befestigen 2

Mit der Spann-Wickel-Technik kannst du ein Seilende schnell und einfach an einem Baum befestigen.

So wird's gemacht:

1. Wickle das Seilende möglichst stramm einmal um den Baum und dann um das ankommende Seil.

2. Führe das Seil zurück um den Baum herum nach vorn, dann einmal über das ankommende Seil und durch die Lücke zurück Richtung Baum.

3. Festziehen.

4. Sichere den Knoten mit zwei halben Schlägen (siehe Vorderseite der Karte).

9

DAS SEILENDE BEFESTIGEN 1

Mit dem Festmacher-Knoten (Webeleinstek) kannst du einen Gegenstand festbinden, z. B. ein Boot an einem Poller.

So wird's gemacht:

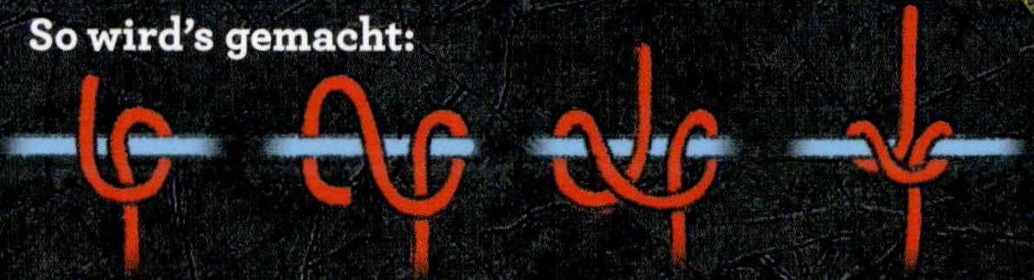

Am besten sicherst du den Knoten durch zwei halbe Schläge:

Tipp: Lass hinter einem Knoten immer das 10-fache des Seildurchmessers an Seillänge rausgucken! So kann das Seilende nicht so leicht durchrutschen und der Knoten sich nicht lösen.

So wird's gemacht:

Du brauchst: eine alte Socke, etwas Sand, einen Schlüsselring und ein Stück Schnur

1. Nimm die alte Socke und fülle sie mit max. 200 g Sand, also bis etwa zur Sockenferse.

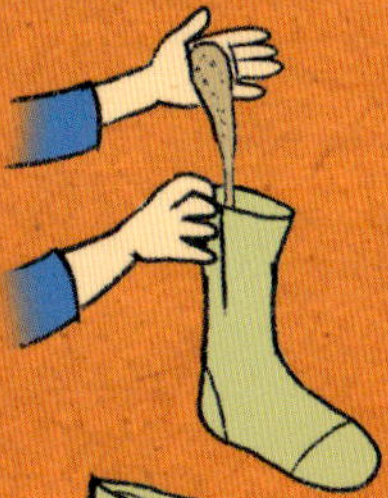

2. Nimm den Schlüsselring und fädle den Sockenschaft hindurch.

3. Schlage den Sockenschaft um und binde ihn unterhalb des Rings ab. Schneide zum Schluss den überstehenden Rest der Socke ab.

5 DER WURFSACK

Wie bekommt man ein dickes Seil über einen hohen Ast oder eine große Distanz geworfen? Mit einem Wurfsack ist das kein Problem. Er lässt sich gut werfen und kann problemlos eine leichte Wurfleine (Pilotleine) mitnehmen.

So funktioniert's:
Befestige den Wurfsack an der Wurfleine und schleudere ihn über den Ast. Nimm den Wurfsack ab und binde das dicke Hauptseil an die Wurfleine. Ziehe am anderen Ende der Wurfleine – und schon liegt dein dickes Hauptseil über dem Ast.

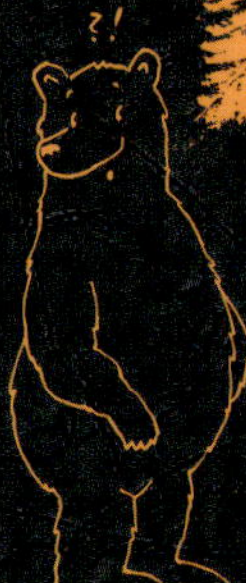

So wird's gemacht:

1. Befestige das Seil mit einem Zimmermannsknoten am ersten Baum (siehe Karte 2).

2. Zum Spannen brauchst du einen Schmetterlingsknoten im Seil (siehe Karte 3).

Wichtig: Knüpfe ihn nicht zu dicht am zweiten Baum, sonst kannst du das Seil nicht richtig spannen!

3. Führe das Seilende einmal um den zweiten Baum herum und anschließend durch die Schlaufe des Schmetterlingsknotens. Dann spannst du das Seil, indem du kräftig am Seilende in Richtung des zweiten Baums ziehst.

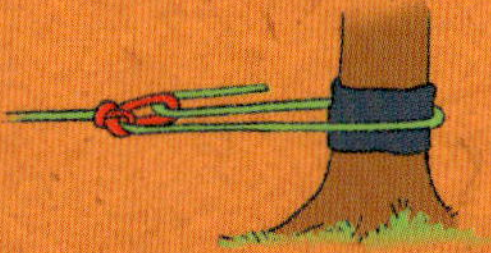

4. Halte das Seil dicht am Knoten fest und befestige das Seilende mit halben Schlägen, die alle in die gleiche Richtung zeigen.

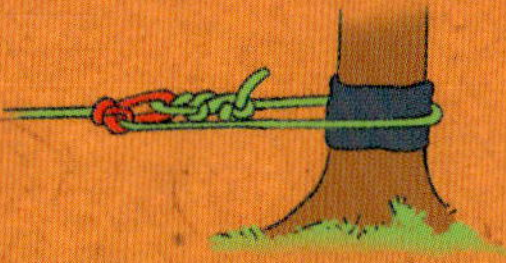

6

EIN SEIL SPANNEN

Wenn du draußen unterwegs bist, gibt es viele Gelegenheiten, bei denen du ein Seil spannen musst. Bist du in einem Regenguss ordentlich nass geworden? Dann trockne deine Sachen an einer Wäscheleine im Wind. Auch ein Planendach kannst du über ein Seil zwischen Bäume hängen.

Wenn Bäume als Verankerung genutzt werden, musst du sie mit einer Polsterung (einer Decke oder Pappe) gegen Abrieb durch das Seil schützen. Die Bäume sollten fest verwurzelt und in der Höhe des Seils mindestens 30 cm dick sein.

So wird's gemacht:

1. Lege dein Bandana flach hin. Falte eine Ecke zur Mitte.

2. Lege das Bandana mit der eingeschlagenen Ecke nach innen an deine Stirn und führe die seitlichen Ecken mit beiden Händen zum Hinterkopf.

3. Verknote die Ecken mit einem einfachen Knoten.

4. Halte den Knoten fest und lege die letzte Ecke des Tuchs nach hinten über den Knoten. Knüpfe nun mit den seitlichen Ecken einen weiteren Knoten über die letzte vierte Ecke. So kann nichts mehr verrutschen.

28

EIN BANDANA

Ein Bandana ist ein quadratisches Tuch, meist 60 cm × 60 cm groß, das in keiner Abenteurer-Ausrüstung fehlen darf. Denn es gibt dafür unglaublich viele Verwendungsmöglichkeiten:

- bei Erster Hilfe: als Kühlpack oder Verbandszeug, als Armschlinge, zum Schienen oder als Augenbinde
- zum Schutz: als Kopf- oder Halstuch, Schal oder Mundschutz
- bei Wasser: als Schwamm, Filter, Teebeutel oder Tau-Sammler
- als Werkzeug: als Unterlage, Topflappen, Tasche oder Beutel
- im Notfall: als Signalflagge oder Wegmarkierung

So wird's gemacht:

2. Lege die Mitte des langen Schnurstücks unter die Schlaufe des Trägers und verknote es. Die Schlaufe soll 2 cm überstehen.

3. Lege das linke lange Schnurstück über den Träger und das rechte lange Schnurstück unter den Träger. Enden jeweils durch die entstehenden Schlaufen stecken und zuziehen.

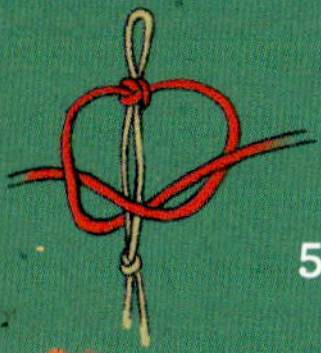

4. Lege nun das linke lange Schnurstück unter den Träger und das rechte lange Schnurstück über den Träger. Enden durch die Schlaufen stecken und zuziehen.

5. Die Schritte 3 und 4 so oft wiederholen, bis das Ende des Trägers erreicht ist.

Den letzten Knoten fest zuziehen, den Rest der Schnur abschneiden. Bei einer Kunststoffschnur kann ein Erwachsener die Enden mithilfe eines Feuerzeuges verschmelzen.

29

DAS SURVIVAL-ARMBAND

Ein Survival-Armband ist sehr praktisch, weil du damit immer einige Meter Schnur für den Notfall bei dir trägst.

Du brauchst etwa 3 m Schnur mit 3 mm Durchmesser.

1. Schneide die Schnur in zwei Stücke: 0,60 m und 2,40 m lang. Die kürzere Schnur ist der Träger des Armbandes, es soll locker um dein Handgelenk passen. Dazu die Schnur doppelt legen und die Enden in der passenden Länge verknoten. Rest abschneiden.

So wird's gemacht:

Orientierung an der Sonne
Schon mit einem Blick zur Sonne kannst du die Himmelsrichtungen grob bestimmen. Zwar ist im Sommer die Sonne bei uns länger über dem Horizont zu sehen als im Winter. Aber die Richtung des Sonnenlaufs von Ost über Süd nach West bleibt gleich.

Schau dir an, wo die Sonne aufgeht,
dort ist Osten.
Schau dir an, wo die Sonne mittags steht,
dort ist Süden.
Schau dir an, wo die Sonne untergeht,
dort ist Westen.

Schaust du nach Süden, liegt Norden genau hinter dir, Osten ist links und Westen rechts von dir.

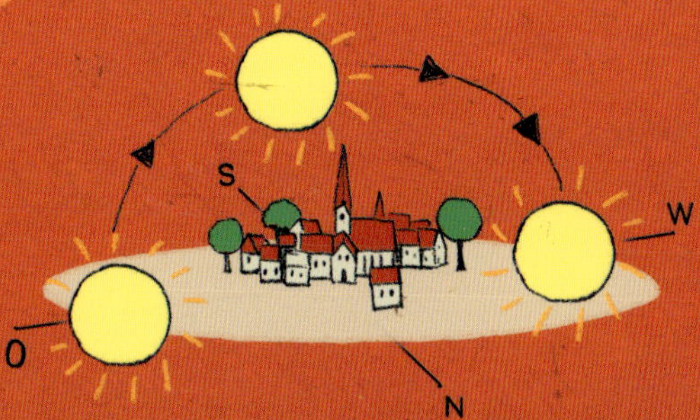

34

ORIENTIERUNG

Für Abenteurer in der Wildnis ist es besonders wichtig, den richtigen Weg zu finden. Wo bin ich und in welcher Richtung liegt mein Ziel?

Eine wichtige Rolle bei der Orientierung spielen die Himmelsrichtungen Norden, Osten, Süden und Westen. Ist eine Himmelsrichtung erst mal ermittelt, ergeben sich die anderen im Uhrzeigersinn von selbst. Damit du dir die Abfolge der Himmelsrichtungen merken kannst, gibt es diese Merksätze:

Norden	Osten	Süden	Westen
Nie	Ohne	Stiefel	Wandern
Nie	Ohne	Seife	Waschen

So wird's gemacht:

Um dich in der Wildnis mithilfe deiner Wanderkarte orientieren zu können, musst du sie so halten, dass der Norden auf der Karte mit dem Norden in der Natur übereinstimmt.

Die Karte „einnorden“:

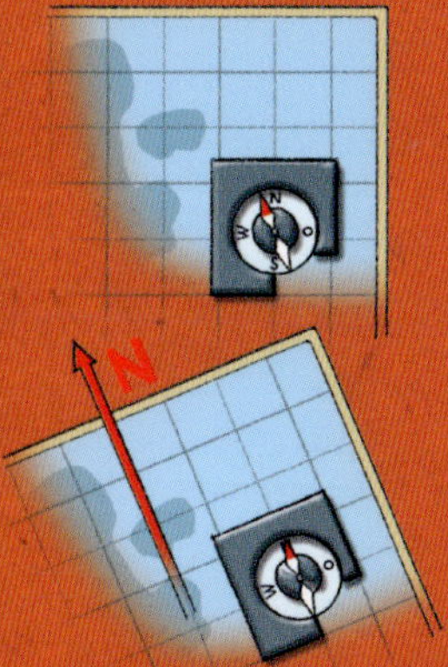

1. Lege die Karte flach auf den Boden und zwar so, dass du die Beschriftung richtigherum lesen kannst. Lege den Kompass auf die Karte und drehe das Gehäuse, bis das N der Windrose zum oberen Rand der Karte zeigt, das S nach unten.

2. Drehe die Karte mit dem Kompass darauf so lange, bis die Kompassnadel mit der roten Spitze genau über dem N der Windrose liegt. Nun ist deine Karte richtig ausgerichtet.

36 KOMPASS & KARTE

Ein Kompass ist ein wichtiges Hilfsmittel bei der Orientierung. Er besitzt eine Stahlnadel, die sich nach dem Erdmagnetfeld ausrichtet. Das eine Ende der Nadel, meist rot markiert, zeigt immer nach Norden, das andere nach Süden.

Wenn du deinen Kompass richtig benutzt, verhindert er, dass du z. B. im Kreis läufst und dich im Gelände verirrst. Lege ihn am besten flach auf deine Handfläche. Drehe das Gehäuse so, dass die Magnetnadel auf der Nord-Süd-Anzeige der Windrose liegt. So kannst du direkt die anderen Himmelsrichtungen ablesen.

So wird's gemacht:

Hier siehst du einige Griffe, mit denen man sich gegenseitig Halt geben kann:

Finger-Griff: Die Finger sind ineinander verhakt.

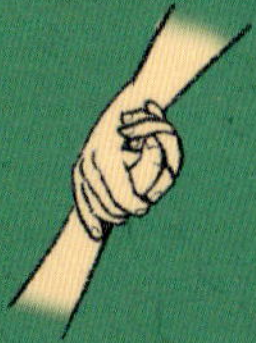

Daumen-Griff: Die Daumen werden umgriffen.

Hand-Griff: Die Hände werden umgriffen.

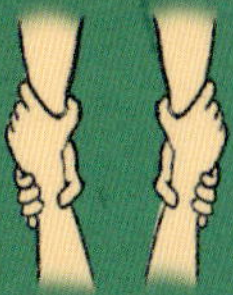

Handgelenk-Griff: Die Handgelenke werden umgriffen.

Als Halte- und Zug-Griff gebraucht.

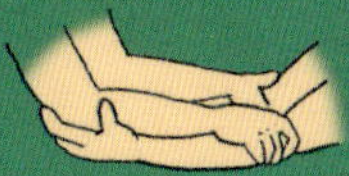

Unterarm-Griff: Die Ellenbogen und Armbeugen werden umgriffen.

Dieser Griff bietet eine gute Stütze.

30

DIE HELFENDE HAND

Abenteurer sind meist in Gruppen unterwegs. Das macht Sinn, denn so kann man sich gegenseitig helfen – zum Beispiel, wenn es darum geht, ein Hindernis zu überwinden. Fasst ihr euch an den Händen, könnt ihr wackelige Steine sicherer betreten oder ein Gewässer viel leichter überspringen.

So wird's gemacht:

Variante 1 mit kurzem Seil
(z. B. für ein Dreibein, siehe Karte 18):
1. Etwa 30 cm vom Seilanfang doppelt legen und dreimal verdrehen.
2. Das Seilende um den Baum oder Pfahl legen und durch die Schlaufe am Seilanfang ziehen.
3. Strammziehen, fertig!

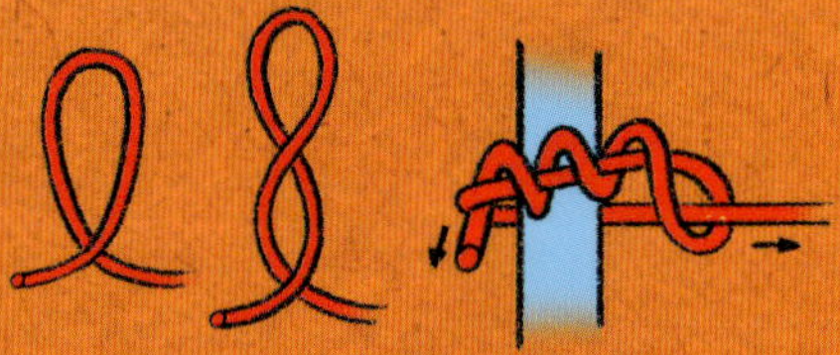

Variante 2 mit sehr langem Seil oder festem Seilende:
1. Seil um den Baum oder Pfahl herumführen.
2. Loses Seilende um das lange, feste Seil legen und mehrmals zurück um sich selbst wickeln.
3. Am langen Ende strammziehen, fertig!

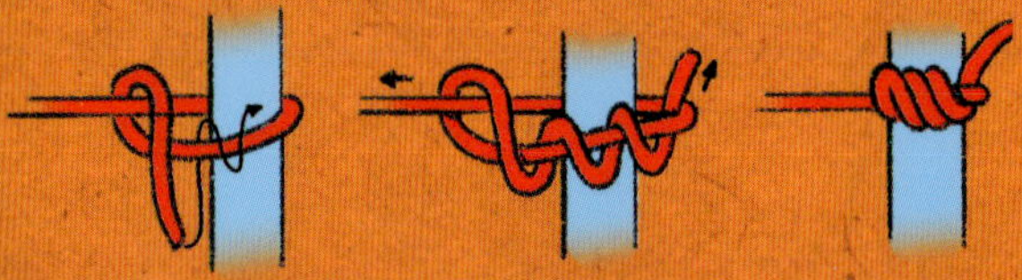

2

ZIMMERMANNSKNOTEN

Der Seilanfang
Mit dem Zimmermannsknoten kannst du ein Seil an einem Baum oder einem anderen, möglichst runden Gegenstand festmachen. Unter Belastung zieht sich der Knoten zu, das Seil klemmt sich ein. Sobald der Zug auf dem Seil nachlässt, kannst du den Knoten leicht wieder lösen.

So wird's gemacht:

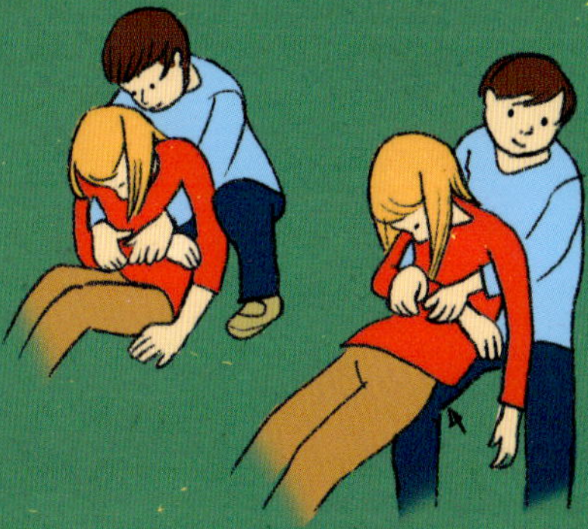

1. Arm umfassen
Dein Freund sitzt aufrecht. Hocke dich hinter ihn, mit deinen Knien in seinem Rücken. Greife von hinten unter seinen Achseln nach vorn und winkle seinen Unterarm an, sodass er quer vor der Brust liegt. Umgreife den Arm im Affengriff.

2. Anheben und ziehen
Verlagere dein Körpergewicht nach hinten und richte dich aus den Knien heraus auf. Hebe deinen Freund an, gehe rückwärts und schleife ihn aus dem Gefahrenbereich heraus. Danach setzt du deinen Freund vorsichtig wieder ab.

32

DER RETTUNGSGRIFF

Mit dem Rettungsgriff kannst du jemanden aus einem Gefahrenbereich herausbringen. Dabei steht der Helfer hinter der sitzenden hilflosen Person.

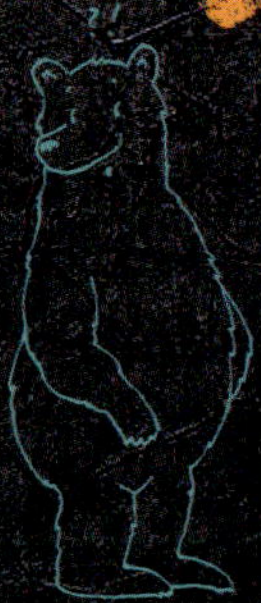

Liegende Personen müssen zuerst aufgerichtet werden. Hocke dich dafür hinter den Kopf deines Freundes, greife mit den Händen unter die Schultern und hebe sie zügig an, bis dein Freund vornübergebeugt sitzt. Mit deinen Händen und Knien in seinem Rücken verhinderst du, dass er wieder umfällt.

So wird's gemacht:

Der japanische Kreuzbund

1. Zum Verbinden legst du die beiden Hölzer über Kreuz und die Mitte des Seils unter das untere Holz. Führe beide Seilenden über das obere Holz und auf der „Rückseite“ wieder nach unten. Kreuze die Seilenden auf der Unterseite und führe sie auf der „Vorderseite“ wieder nach oben. Diese Schritte wiederholst du mindestens dreimal. Die Seilwindungen müssen nebeneinanderliegen und straff angezogen sein.

2. Zum Spannen wickelst du das Seil zweimal zwischen den Hölzern um die Seilverbindung herum.

3. Zum Schluss verbindest du die Seilenden mit einem Kreuzknoten.

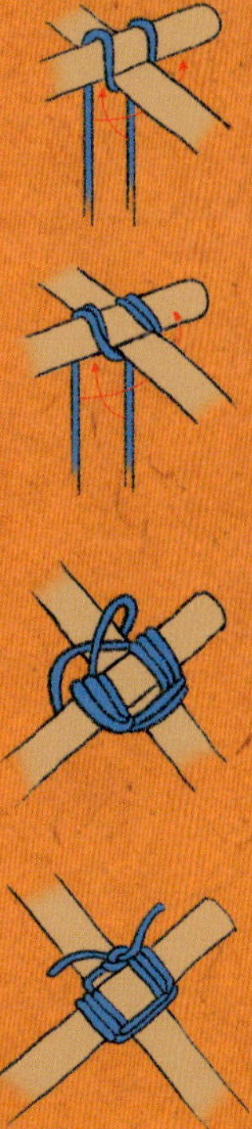

Der Kreuzknoten

7

KREUZBUND

Mit einem Kreuzbund kannst du zwei Holzstangen über Kreuz zusammenbinden. Oder du kannst eine Stange an einem bzw. zwei Bäumen befestigen. Gebraucht wird der Kreuzbund zum Beispiel auch für viele Lagerbauten. Je sorgfältiger du arbeitest, umso besser hält die Verbindung.

So wird's gemacht:

Stopp! Nicht weiter!

Leise, nichts verraten!

Gut, ja oder ok

Ende, Abbruch

Komm!

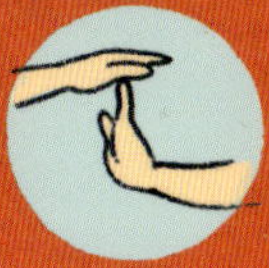

Time out! Pause

Schlecht, nein,
nicht ok

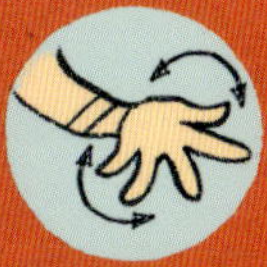

Etwas stimmt nicht,
es gibt ein Problem!

38

HANDZEICHEN

Mit Handzeichen kann man sich auch ohne Worte gut verständigen, zum Beispiel beim lautlosen Anpirschen mit Sichtkontakt zum Partner. Aber Vorsicht: Handzeichen haben nicht in allen Ländern dieselbe Bedeutung!

Hier findest du einige Handzeichen, mit denen Abenteurer sich in der Wildnis auch über größere Entfernung verständigen können.

So wird's gemacht:

Damit du auch verstanden wirst, findest du hier einige allgemeingültige Zeichen und ihre Bedeutungen. Die Richtungsmarkierungen bringst du in nicht zu großen Abständen und vor allem an Wegkreuzungen an.

Hier lang!

Achtung, Gefahr!

In diese Richtung abbiegen!

Ich benötige Hilfe!

Über ein Hindernis und weiter geradeaus!

Hier versammeln!

Unüberwindbares Hindernis!

Zum Lagerplatz!

Falscher Weg, umdrehen!

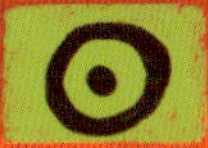

Ende, ich bin nach Hause gegangen!

39

WALDLÄUFERZEICHEN

Früher spielten Waldläufer eine große Rolle bei der Erkundung unbekannter Landstriche. Bewährte Wege markierten sie gut sichtbar mit besonderen Zeichen. Späher dagegen brachten ihre Zeichen an möglichst unauffälligen Stellen am Wegesrand an.

Am besten ritzt du deine Zeichen mit einem Stock in die Erde oder legst sie mit Steinen, Ästen oder Sägemehl auf dem Boden aus. Mit den Zeichen kannst du denen, die dir folgen, Hinweise zu deinem Weg hinterlassen. Das kann auch in Notsituationen wichtig sein.

So wird's gemacht:

Ja, ich brauche Hilfe!

Um Rettungsteams in einem Hubschrauber zu signalisieren, dass du Hilfe brauchst, stellst du dich gut sichtbar in der Y-Stellung auf.

Nein, ich brauche keine Hilfe!

Brauchst du selbst keine Hilfe, müssen die Retter anderswo weitersuchen. Das signalisierst du mit der N-Stellung

Wassersportler in Gefahr benutzen dieses Notsignal: Arme nach beiden Seiten ausstrecken, **langsam** und wiederholt heben und senken, nicht winken!

Hat sich eine brenzlige Situation geklärt und ist alles wieder in Ordnung, macht man das O-Signal: Beide Arme bilden über dem Kopf ein O = all clear = alles klar!

90

NOTSIGNALE

Es ist nicht nur wichtig, als Abenteurer selbst einen Notruf absetzen zu können. Man muss auch verstehen, wenn andere signalisieren, dass sie Hilfe brauchen.

Ganz wichtig: Notsignale dürfen nur im Notfall gegeben werden! Denn sonst kann es passieren, dass die Rettungsmannschaft zu dir ausrückt und für einen echten Notfall fehlt.

Hilfe leisten ist Pflicht. Bist du selbst nicht in der Lage, direkt zu helfen, musst du umgehend entsprechende Stellen wie die Feuerwehr, die Seenotrettung oder die Bergrettung benachrichtigen.

Die **112** gilt europaweit als Notrufnummer!

So wird's gemacht:

Beim Morsen wird jeder Buchstabe durch eine bestimmte Kombination langer und kurzer Lichtzeichen wiedergegeben. Geschrieben wird der Code mit Strichen (lang) und Punkten (kurz).

Morsen – so sieht der Code aus:

A	· –	N	· – ·
B	– · · ·	O	– – –
C	– · – ·	P	· – – ·
D	– · ·	Q	– – · –
E	·	R	· – ·
F	· · – ·	S	· · ·
G	– – ·	T	–
H	· · · ·	U	· · –
I	· ·	V	· · · –
J	· – – –	W	· – –
K	– · –	X	– · · –
L	· – · ·	Y	– · – –
M	– –	Z	– – · ·

91 LICHTSIGNALE

Bei Sonnenschein kannst du mit einem Spiegel oder einer anderen glatten Oberfläche Lichtsignale geben, indem du das Sonnenlicht in Richtung deines Gesprächspartners lenkst. Bei Dunkelheit setzt du einfach eine starke Taschenlampe ein – die ja sowieso zur Ausrüstung jedes Abenteurers gehört.

Ein kurzes Aufblitzen des Lichts oder ein Pfiff sagen dem Freund: „Ich bin hier.“
Willst du aber Botschaften oder einen Notruf übermitteln, nutzt du am besten den Morsecode.

So wird's gemacht:

Morsen – so sieht der Code für bestimmte Wörter aus:

Rufen	– · – · – – · –
Ja	– · – ·
Nein	– ·
Kommen	– · –
Warten	· – · · ·
Verstanden	· · · – ·
Ende	– · – · · – · ·
Empfang ok	· – ·
Fehler	· · · · · · · ·

42 TONSIGNALE

Bei Tag oder wo ein Lichtstrahl nicht weit reicht, z. B. im dichten Wald, kannst du mit einem Pfiff oder mit einer Trillerpfeife auf dich aufmerksam machen.

Willst du ganze Botschaften oder einen Notruf übermitteln, nutzt du den Morsecode (siehe Karte 41). Dabei wird jeder Buchstabe durch eine bestimmte Kombination langer und kurzer Töne wiedergegeben.

Das Signal dreimal kurz, dreimal lang, dreimal kurz ist als SOS bekannt. Die Folge gilt als Notsignal. Du kannst sie mit Tönen, aber auch mit Licht absenden:

··· ––– ···

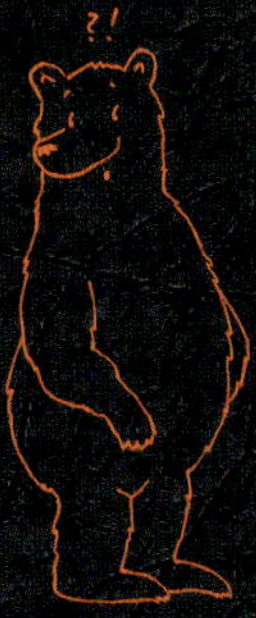